풀각시야

유나영 시조집

들꽃시선 123
풀각시야

지은이/유나영
펴낸이/문창길
초판인쇄/2014년 01월 25일
초판펴냄/2014년 01월 30일
펴낸곳/도서출판 들꽃
주 소/100-273 서울 중구 필동3가 28-1 서울캐피탈빌딩 B202호
전 화/02)2267-6833, 2273-1506
팩 스/02)2268-7067
출판등록/제2-0313호
E-mail:dlkot108@hanmail.net

값 7,000원

ISBN 978-89-6143-175-0 03810
ISBN 978-89-951327-0-8(세트)

들꽃시선 123

풀각시야

유나영 시조집

들꽃

| 서시 |

조국의 얼
숨결도
다소곳 어루고 싶다

민족의 혼
삶의 터
여기서 고르고 싶다

내 산하
푸른 천지에
또 하나 꿈을 캔다

| 풀각시야 |

차례

제1부 : 우리들의 산하

| 풀각시야 |

제2부 : 고군산 팔경 유람

제3부 : 난잎 하나에도

제4부 : 지나간 날의 노래

| 풀각시야 |

제5부 : 어버이의 길

제 1 부

우리들의 산하

고향을 두고

선달그믐인데
안개 덮인 밤은 깊고

풍경처럼
처연히
밀리는 인연의 끈

얼마나 많은 날 두고
불러볼 길을 가자

가자
고향 가자
고샅길 누비러 가자

그 숱한 세월이사
잔털처럼
널비한데

정 줍고
사랑 어루며
그렇게 취하러 가자

가난이 밀착된 세월

가난이 밀고 끈
아슴한 세월이다

한도
바작에 지고
넘어온 세월이다

산과 산
들과 들 너머
바람은 울부짖고

그 길 고향으로 정 지고 가자해서
뉘 있어 맞아 줄 사람 없는 고향 길 간다
헛바람 드세운 자리
아마 묻어난
정 널까

그리운 것

그리움이 한결같이 바둥쳐 오더니만
봄물이 봉실봉실 꽃봉오리 틔우더니만

싸리꽃 향기 에워싸
사랑의 품이 다사롭다

뉘 이름 불러놓고 꽃 잔등마저 어루고 싶다
잡힐 듯 달아나면 목 길게 빼고 싶다
감겨도 사무친 노래
빈 광장을 메우겠다

빈자리의 회전

가는 것 정이라면 세월 간 자리거니
간혹 스쳐도 꿈마저 보이지 않고
헛도는 바람소리만
벽면 뒤편을 누빈다

환청이 제 시름에 묻혀 울겠다
밤별도 빈자리 쓸어대며 울겠다
물보다 처연한 기백으로
세월 감아 울겠다

바위

침묵도 겸허함같이 한 치의 흔들림 없다
범부의 생각으로도 헤아리기 어려웁다
상심이 천근으로 눌려
타버린 몸짓이다

망초꽃 서정

금마 샛길을 가다 망초꽃 시선에 취해
여태도 보채던 내 어릴적 세월을 본다
돋우고 다시 돋은 풀빛이
저녁 길을 걷더라

촘촘히 박히고 돋은 무더기진 꽃밭에서
세월 간 빈자리 그리움으로 할퀴고는
어머니 마당귀에서
하늘 본 그림잘 본다

환상 연습 · 1

뉘 있어 물을 양이면
밤별은
물위에 뜬다

눈발에 젖어 빙하 된
정이
시름에 겨운데

사랑은 환상의 너울 쓰고
밤길 걷게 되겠다

환상 연습 · 2

빙하로 돋은 물길
그 길로
세월 간다

굳게 다진 정이
굳이
석순으로 돋아

영겁의 아픔으로도
프리즘
걸어
빛내겠다

환상 연습 · 3

그리운 사람
그리다
인동의 세월이 오면

산까치
와서
울고
나도 따라 가슴 조이고

햇살이 물가 빙벽에 앉아
옛 노래도
어루겠다

설리에 이르러

눈보다
더 희게
더 희게 지핀 꽃인데

산릉선 따라 놀다
바람에도 시름지드니

사는 것
시들하다고
시름시름 꽃이 진다

망초꽃 · 1

곱게 젖은 사연 걸치고 묻고자 했네
그렇게 사무쳐서 빈손만 내밀었네
풀각시 그리운 시선 부르면서 서성였네

길섶 늘어뜨린 빈자리 스산할까
여기서 부르다 긴 잠에 묻히었을까
동 트고 햇살 돋으면
찾아줄 사랑 기릴까

간목에 낀 정이

원두막 간목사이 꿈은 소롯이 젖어
아주 오랜 적 이야기 졸고 있는 걸 보고
몇 번은 빈 하늘에게 물어도 보았다

사랑만큼 저무는 날 노을은 붉더라
공허한 날 꽃 지듯 시샘으로 젖어오면
정하나 가둔 세월을 불러도 보았더라

우리들의 산하

별 하나에 꿈도 심고 사랑도 담아 놓자
어머니의 품안처럼 사랑도 숨결로 엮자
꿈꾸듯 그리운 사람
이름마저 부르자

물이 흘러서 가 보았더니
아마 사랑은 남아 울고
밤별 총총히 그리운 날 불러댄다
저 언덕 고향 둘레길
울 엄니 자리인 걸

금오산에 오르면서

꿈도
희망도 얹고자
밝은 빛 따라서 왔다

사념의 젖은 발길
거북걸음으로 걸어 왔다

물젖어 타오르는 빛살
정성으로 베낀 삶

아마도 많은 것 두고 묻게 된 삶이거니
바람도 아스라이 밀렸다 되비쳐 오면
금오산 햇살 앉은 산정
붙들어 매고 취할까

굽이돌아 왔다가 세월 감듯 스친 것
차마 다 헤아릴 힘을 모으고자 왔다
산 첩첩 물줄기 위로
띄운 풍경 귀에 담자

어시장에 들어

여수 어시장 선술집 모서리에서
내 삶의 가난한 날 아잇적 풍경을 본다
먹이에 취해 있다가
잠이 든 아이
모습을 본다

한 집 또 한 집 지나다가 만난 사람
나는 왜 그들의 삶을 엿듣고 있나
가난이 하도 아파서
세월 간 날의 길을 본다

하화도

진달래꽃 보러 가자
꽃섬 보러 가자

동백꽃 피고 진 곳
야생화
물빛에 젖고

여객선 고동 울리면
꽃빛 젖어
설레는 섬

오동도 오르다가

벼랑길 걷다보면 강물이 논다
수평선 긋다가 바람타고 논다
암석을 뛰어 넘을까
분노로 차오른 물결

기암절벽 돌아서 가다 해안을 따라가 보면
암벽에 부딪친 물은 무심으로 출무하고
올레길 오르는 숲길
먼 곳 등대가 안내한다

오동도

동백꽃 하나에도 세월 묻은 흔적이 있어
교각에 걸터앉아 묵도로 가는 정 묻고
풍수로 사무친 길을 뚜벅뚜벅 걷겠나

숲과 바람 앞에서

바람이
숲보다 높이
산을 흔들어 오랴

구속된 세월 앞에
춤은
쓸쓸하랴

하 많이 잊혀진 기억
다소곳이
저린다

거미줄

올 고운 장인의 솜씨
원무로도 춤을 추고

영롱한 이슬방울 선 긋고 너울대면
숨죽인 거미 한 마리
살맛난 눈짓을 한다

제
2
부

고군산 팔경 유람

구름

미움의 세월이 있어
송골송골 구름 젖고
흔적도 아스라이 가는 것 볼 수 없다
저 구름 능선을 가로막고
무심으로 떨겠다

어디서 왔다가 어디로 갈 양으로
발처럼 짜 늘이고 시름시름 앓다가는
못 잊어 그리움 뒤에서
서러움의 정 묻겠다

복사꽃 피는 곳에

복사꽃 다소곳이 내 삶을 물어 오더라
물처럼
바람처럼
스치는 꿈 묻더라

울 엄마 살아온 날을
넘겨보고 있더라

밤별이 고샅길 쓸어내리고 가는 길에
잃었던 전설은 꽃잎처럼 내리고는
울 엄마 살아온 날을
쓸어 담고 싶었다

정의 둘레

마알간 앙금의 등피
풀어놓듯 어루고는

빈자리 들어찬 시샘
몇 날을 두고
쪼아댈까

밤 깊은 별자리에 앉아
남긴 말마디
풀기로 하자

사무친 날의 사랑

가는 실 풀어 널듯
감춰진
세월을 엮어

앙금처럼
피멍처럼
회한의 둘레를 돌고

몇 바퀴
다람쥐처럼
미친 듯이 날뛸까

범람은 상심이 클 때 기폭처럼 나부낀다
뼈마디 고행의 손길 거친 겨울 손등 같고
침잠의 사랑도 한갓
노환의 풍속 같다

그리움의 터

산마루 저 쪽에서 기적 두고 놀거니와
가버린 사람 부르면
다시 와 줄까

까마득 먼 세월이 있어
범람하는 물빛 같다

세파의 강

뗏목 하나에 기대 파도와 사투한 삶
뉘 있어 멈추고 서서 이 황망함을 보게 될까
물갈퀴 무디게 스쳐
골 깊게
패인 삶인 걸

헹구고 닦아 내어도
쓰라린 흔적 뿐

흙 한 줌을 쥐고
주문처럼
당신님을 부른다

등나무 넝쿨진 자리
왜 속 깊음을 잊었을까

사랑의 순례

언제고 갈 사람이면
보내고 난 뒤
사랑을 묻자

그래도 사무친 마디
남기면
그리워 보자

삶이사
단 하나의 의미로 흔적 뿌려 두는 것

사랑은 외로운 자리
가꿀 때
아름답고

미움으로 얼룩질 때
인내하며
다스릴 것

먼발치 물레 돌듯이
돌아가는게
사랑인 것

겨울나무의 울음

잎 진 마른가지 주인 잃은 시름이 있어
졸음도 참아가며 바람 앞에 읊조리고
끝내는 시름을 엮어 빈 가지만 떨겠다

떠난 정 못 헤아리고
밤 피리로
한 겨울 난다

설원 지핀 달빛이사
차가웁게 설레인다

빈 가슴 채울게 있나
그리움으로 덧나 운다

고군산의 해상여행 · 1

- 독립문 바위

바닷물 둘러놓은
물위에 뜬 바위섬이랴

비밀리 가두어 둔
전설로 피우겠거니

수 세월 지난 이야기
엮어내고 있겠네

고군산의 해상여행 · 2
- 말도 등대

미련의 삶을 두고 망해로 향하는 배
만선으로 돌아올 물길 밝히겠다
바람도 스민 수평을
불빛 하나로 깔겠네

고군산의 해상여행 · 3

- 할매바위

뭐 있어 그리도 기다리다 지쳐서
산간을 두고 몹시 애잦은 바위가 되나
소나무 푸른 가지 사이로
얼굴 디민 모습이겠네

고군산 팔경유람 · 1
-선유낙조

어디쯤 숨은 얘기 풀고 싶은 마음 있어
해질녘 붉은 빛 틈에 숨어서 고개 들고
산 첩첩
파도 끼고는
얼굴 불그레 웃드라

고군산 팔경유람 · 2

- 명사십리

금사 펴널은 아스라한 몸짓을 보라
유리알 부시듯
저 투명한 영롱을 보라
처처에 유장으로 와서
유장으로 밀리는 물

고군산 팔경유람 · 3

- 망주폭포

망주봉 정상에 올라
폭포로도 솟는 비상
여름 한철 휘감은
속 시원한 물놀이인데
저만큼 쏟아 부어대는
망주폭포의 폭음을 보라

고군산 팔경유람 · 4
- 평사낙안

은모래 유현에 차서
바람은
거기 논다

팽나무
한 그루씩
열져 훈련하는데

그 경관 시선의 높이
기러기 날듯 한다

고군산 팔경유람 · 5
- 무산 십 이봉

선유봉 오를 건가
간곡함 들고 소원 빌까

이 봉우리
저 봉우리
좇으며 소원 물까

십이봉 봉우리마다 걸친
시름 닦아 내릴까

고군산 팔경유람 · 6
- 장자 어화

수백 척 통통배 물위로 떠서 가고
밤길도 아스라한데 길을 밝힌 봉화인데
장자도 불빛 행렬을
뒤 따라 가볼꺼나

고군산 팔경유람 · 7

- 월영 단풍

한철 가꾼 정이 다만 타오름 있어
신시도 월영봉 올라
물이랑 띄워 태울꺼나

달빛이 단풍을 불러
바닷물 위에 널더라

고군산 팔경유람 · 8
- 삼도 귀범

사람 발길이 없는 무녀도 작은 섬에
갈매기
물오리
바닷새 외로이 울고

그 누구 보는 이 없어
바람도 새 따라 운다

정의 사슬

목숨을 던지고 싶어
꽃밭에 와 있습니다

다만 사무친 정
영혼으로 태웠습니다

우루루 밀리는 광채
그 하나를 어룹니다

제3부

난잎 하나에도

낙화암에서

청사 나부끼는 뜰 맞은 빈 터에
망초꽃 시름겹게 매달려 바람 젖고
청기와 서린 빛살이
저문 날을 가른다

낙화암 물소리 따라 시름 얹어 노 저으면
세월은 꽃 지듯 시름시름 앓는 정이
저 만큼 수평너머로
노을 따라 가겠네

이슬

그 몸짓 찰나를 두고 닦아낸 자리였다
벙글다 태워버린 무심한 자리였다
도르르 굴리는 것이 정을 닦는 자리였다

산딸기 소묘

뱀 딸기 빠알간 자리
물젖어 흐른 골짝

여태도 수줍게 남아
산길을 키우거니

반드시 눈시울 하나
정은
넘치겠다

겨울나무

잔설이 나무에 걸려
아이의 울음 운다

고단한 삶을 묻듯이
시름겨운 바람이 분다

얼마쯤 지나야 하는가
봄의
꽃피는 시절이

산길을 가다가

산자락 감은 안개
태고로운 이야기 푼다

진화한 세월을 끌고
수 세월
묻힌 뜻 밝혀

저만치 감치는 맛이
그을린 정을 매단다

산딸기 밭길에서

까맣게 그을린 빛
종일을 굴리다가

서러운 날 꿈에서 만난
그리운 걸 묻고는

산딸기 바람 젖어
산향 지핀 길을 간다

선유도에서

물길 가르고 가다
마주친 자리던가

그 자리 앉아서
신선은 노래하고

갈매기 은모래길 따라
손맞이 분주하다

풀각시야

꿈을 지녀온 날 두고 그린 풀각시야
보리 싹 성근 자리 휘감아 올릴건가
우르르 몰릴 것 같은
벌 나비 나르는 자리

산 돌아 이랑에 찬 아지랑이 숨결마다
질긴 인연의 맥
숨
길게 지피거니
풀각시
풀각시야
휘감고 앉아 놀던 자리

망초꽃 · 2

하마 그리운 날 부르며 떨고 있겠지
깨인 꿈 어루면서 빈 하늘 보겠지
청빈이 서러운 탓에
가난만 남아 놀겠지

가고 또 가고 마주치는 울 엄니 말씀
차라리 욕된 삶여도
탐함이 부러워서
흔적만 뜰에 뿌리고
고단한 춤으로 논다

사는 것 어루어 놓고 맞잡아 숨쉬랴
가난도 무르익으면 정으로 사무치거니
뭐있어 묻고 싶은 것
길을 지펴 놓는가

아버지의 마루

툇마루 딛고 서서
아버지인
하늘 끝 헤고

정상이 저기인 듯
꿈을 담은
한숨도 걸러

피우고
가꾼 세월이
마루 끝에 어린다

난잎 하나에도

부르짖는 숨결마다 야들한 몸짓인데
촘촘히 박힌 촉수 정화로 타오르고
새록이 돋은 손짓이 정갈한 몸짓인 걸

하늘 맑은 빛 꼭 닮아 가두듯이
종일을 바람과 같이 어루면서 사는 것이
눈물을 가두고 사신 어머니의 자태 같다

봄 뜰에서

연보라 빛살무늬 살포시 거느리겠다
보듬는 꿈이사 바구니에 담아 어루겠다
참 오래 기다린 뜻이 꽃으로도 돋겠다

향수

안으로 여민 정이 꽃즙처럼 번지는 것
그 얼굴 어디쯤에서 본 듯이 설레는 것
닫혔다 열린 문으로 스미어서 아픈 것

강물이 세월처럼

강물이 세월처럼 앞서서 인도한다
가는 길 가다가 흔적도 남기고 간다
유현에 떠는 몸짓이
강나루를 맴돈다

굽이쳐 흐르는 것이
정인가
회한인가

사랑도 물처럼 넘치다 출렁이고
단 하나 속박의 삶을 어루다가 지난다

이슬방울

청 보리 밭이랑에 방울방울 맺힌 이슬
청아한 빛살로도 영롱히 반짝이다
도르르 말리는 품이 이랑 접은 꿈이겠다

욕된 삶
부끄럼
다 털어 내리고는

흔적도 닦아내고
무심도 닦아내고

그 여명
그 빛살의 덩이
그리움으로 안겠네

매화 · 1

붉게 탄 사랑 하나로 숨 죽여
한번은 정한 빛
숨 마디 고르고는
향으로 취한 자리에서
타오르는 몸짓이 떤다

매화 · 2

꼭 쥐면
뚜욱
뚝
꽃물 젖을 건데

하얀 눈발 헤쳐
타는 몸 어룰건데

한번쯤 다스린 사랑
숨 마디가 저릴까

산꽃 자리

산타령 굽이쳐서 산은 꽃으로 논다
하도 곱다던 꿈 다소곳 모아 놓고
꽃물이 출렁이는 언덕
꽃발 짜고 놀겠다

창조의 문

그렇게 고운 아침 햇살 걸어 울리게 하자
꽃도 새록새록 돋은 자릴 보게 하자
얼마나 빛나는 세월
불러놓고 열릴까

산 두른 구름

산은
말이 없되
구름만 엿듣고는

그 구름
세상사 이치
그냥 놓고 지나더라

어쩌랴
향기의 어울림
저 느긋한 구름만 하랴

제4부

지나간 날의 노래

진달래꽃

연보라 빛 무늬 띄우고는 수줍어
바위틈 골진 자리 숨어서 고개 밀고
산비탈 바람 한 점을
어루면서 놀더라

난초

꿈도
고웁거니
청청히 돋은 빛

사랑으로 훨씬 깊이 나비춤으로 나부끼고

넘치리
꿈도 사랑도
어머니의 인고를 닮고

박꽃서정

동트는 처마 끝에 잎 하나 떨어뜨리고
그 빛살 희게 번져 하늘 보다 말갛게
흰 구름 사이사이를 바람 띄워 지난다

코스모스

네 목이 길어서 보채듯 설레다가
끝내는 외로운 걸 혼자임을 깨닫고는
꽃잎에 이슬을 올린 채
바람에도 날리는구나

길섶을 휘저으며 가는 허리 휘감고
쉴 새 없이 찾아드는 그리운 정 찍어두고
문풍지 떨고 있듯이
시린 가슴 흔드는구나

오동도에서

짙푸른 놀빛인가
울부짖는 물빛인가

지평선 늘인 자리
차라리 서러운데

강 유역 긴 행렬을
동백꽃잎 지핀다

지나간 날의 노래 · 1

갈잎 여미듯이 목메어 우짖는 세월
간간히 꽃무늬듯 되짚어 서러운 걸
목 놓아 울어댄 산 메아리
연자방아 도는 것 같다

달은 먼 날 전설로 지핀 소식 두고
문간 앞 빈뜨락을 제 홀로 서성여
기러기 날개탄 바람처럼
왜 스산히도 떠돌까

지나간 날의 노래 · 2

달빛 희게 떠서
떠도는 세월 엮어내겠다

환각의 나래 끝에
매달은 전설
풀겠다

야윈 뺨
움켜쥔 아픔이사
눈물로도 내리겠다

가난이야 속살 비쳐 창에 묻은 달빛 젖고
그리움 때처럼 끼어 서걱서걱 되씹는데
숙명이 물젖어 흐르듯 속울음만 덧난다

돌계단

돌계단 하나씩 딛고 오릅니다
생각을 아끼며
명상으로 오릅니다

침묵은 한사코 와서
돌계단을 기웃댑니다

바느질

할머니 베갯머리 끝자락에 고인 이야기
바늘과 골무와 동정 깃 아스라함과
동짓달 긴긴날의 삶
얽혀 푸는 그 자태

할머니 삶 엄마가 가꾸던 자리렸다
밤이면 방망이로 옷깃을 추스렸고
지나간 세월이 돌고 돌아
밤을 지펴 놓겠다

기억의 탑

산을 지나다 만난
잡풀인가
씀바귀인가

그것이 손짓하는 아스라한 날 바라보면
그렇지 개울물 흐르는 자리
새의 울음을 알겠다

서 있던가
앉았던가
허공을 맴돌던가

다만 한 가지는 이유로 묻는 우리 사랑
그렇다 가난도 정일진데
어머님의 부름같은데

정

얼마쯤 늘려놓은 너와 나 언약을 두고
머루알 익는
자리처럼
천천히 접혀온 것

그리도 목마른 시선
어루면서 가꾼다

우리같이 나눈 얘기 모아서 손을 잡자
꽃대궁 나불대듯 천진함도 어루어 두자
조용히 이마의 땀방울
쓰다듬어 볼 꺼나

촉석루

사는 게 무엇인지 알고파 여기왔다
강물이 꽃물 배인 곳 어딘지 보러왔다
이 난간 여기쯤인가
장열하게 피고 간 넋

선유도

저기가 어디인가 선녀탕이 어디인가
선녀봉 둘러가며 목마저 둘러보면
저만큼 산릉선 아래인가
빛 조각이 반짝인다

달빛 서정

토방에 이르르면
달은
먼저 와 날 맞고

지난 적 이야기마저 동화로 피워낸다
별빛도 물 허리둘레에 끼어 논다 하겠네

정의 시점

목마가 흔들고 간 저쪽 깨끗한 눈빛
철새가 와서 어룬다 아프듯이 어룬다
저만큼 놀랜 눈빛 하나가
서러운 날 두고 운다

히말리아 산정을 두고

한낮을 가린 탑신 둘레
산 높이
하늘을 본다

신선이 가꾼 숨결
절절이
여민 자리

산기슭 원시의 늪을
흔적 널고
가는가

오솔길

외로운 사람일랑 이 길로 모여야 한다
싸리꽃 벙글며 손잡아 주는 것을
얼마나 정감의 나래
지펴 널고 있는가

그때의 정 놓고

잡힐 듯 밀쳐가는 하얀 세월 범람한다
몹시 추운 날의 노래만 성글게 떤다
가끔은 개미 노동으로
터지는 아픔 쓰다듬자

모악산

산이 커다란게 어머니 마음 닮아
그 기슭
덕과
사랑한테 어울리고
풀잎이 이슬을 물고
선문답에 이른다

두고 온 삶

아주 먼 날 잊고 산 날이
갈바람 타고 왔다
아픔도 되짚으면 사랑으로 충만했다
가난이 사무친 정 두고
오래도록 울었다

남루한 것
때에 찌들어
어루는 그리움이었다

한 올씩 고르는 빛살
바람에도 어울리는데

담담한 소식 한 점이
모여들어 아픈 것을

제 5 부

어버이의 길

동백정 야사

동백정 동백꽃이 바람에 젖어 울부짖고
가는 정 널거니와 뉘 와서 보고 울까
뉘 있어 바다 건너서 파도치고 올건가

동백숲 우거진 자리 숨어서 새가 운다
얼마나 많은 날 두고 그리운 정 하나 찍을까
물깃이 하도 서러운 날
넘보면서 넘치겠다

돌고 도는 것
세월인데
흔적도 아픔에 덧나

밤별이 쓰다듬으며
물위에 띄우는 사연

정이사 옛날을 불러
시름으로 앓겠다

밤 피리

그렇듯 맑은 눈물 고여서 젖은 것이
강줄기 물빛처럼 끝내는 번쩍여서
가만히 저려오는 피리
애태우며 떨겠네

미워도 그리운 걸 따뜻한 정 묻어 놓고
한적한 세월 감아
많은 날
두고
떨리는 걸
어린애 보채임처럼
밤 피리
차마 아픈가

비정한 삶

한 갈래 서러운 사연
밤빛처럼 희뜩이고
산 풀
산 고개 넘어
산 피리 풀어 엮는데
내 여윈 세월의 마디
삶의 시름이 앓던가

죄가 가난으로 물어서 억조이면
하얗게 베인 고백 물레처럼 돌겠는데
서리 낀 창틀사이에
숙명은 번뇌로 큰다

매화 곁에서

매화 꽃잎 하나씩
뜰을 지펴 더웁겠다

타는 정 없었거니
사랑이사
어찌하랴

불 지핀 뜨락 끝인가
저만큼
뉘 와서 웃는가

제주도 파초

남국의 파초 잎 바람엔 듯 설레겠다
웃도는 여정마다 춤으로 놀아대겠다
젊음도 울울한 자리 거울 앞에 너울대겠다

꽃 지는 길

길을 가면
길은
꽃으로 흩어지고

정은
벌처럼
윙윙대고 떠돌다가

한 가닥 바람에 채여
시름시름 앓겠네

고향녘

내 살던 고향 뜰에 접어놓은 꿈 있어
도란거린 풀잎사이 휘이 저어보면
아직도 손 내민 정이
어머니 품에 젖습니다

사랑은 운명으로 얽히는 것

흘러라
강물로도 꿈 달아매고 흘러라

가득 담아 어루듯이
또
밤새워 달래도 보라

낙엽이 굴리어 가다
어디엔가
숨듯이

잡힐듯하다 멀리 밀려도
연모의 창은 비쳐 떨겠지

물가의 은비늘처럼
영혼으로 남아 쉬겠지

사랑은 운명의 길 두고
자박대며 울겠지

굶주린 정

가다가 서운할 때
그때 뒤돌아 보자

시름도 차오르면
하얀 세월도 넘보자

설렘도 무심의 뜰을 제 홀로 떠도는 것

가는 것 만류할 힘마저 없느니라
헐벗고 굶주린 것 남루한 채 떠도니라
산돌아 메아리 소리
밤 피리 보다 섦구나

지난 일을 그리면서

희게 바랜 세월 촛물처럼 떨어져서
얽히고 배인 것이 가슴마저 조여와서
깊은 밤 달빛 묻은 창에 그림자로 젖더라

산마루 겨울 숲에 우는 부엉이가
상심에 찌든 사람 속뜻을 새기면서
그 큰 눈 멀뚱거리다가 다소곳 눈 감더라

생각의 늪

잡힐 듯
저문 날이 물안개 속에 묻혀

손 내밀고
당기지만 노래처럼 남은 흔적

하늬쪽 차가운 바람
살얼음만 덧난다

어쩌다
되새긴 빛깔 한 가닥 끄셔보면

머루 빛
까만 세월 배였다 터지거니

밤 짚어
물어 논 빛이
희뜩희뜩 젖는다

사랑 그쪽에서

참하게
그리운 날
채광처럼 번뜩인다

피의 격류로도
솟구쳐온 사랑이다

운명을 비껴갈 수 없어
수레처럼
굴러간 정

타는 마음이사 얼리면 사무친 것
간절함도 절절이 정으로 넘치는 것
눈 감아 헤아리겠는데
황홀한 빛 타겠다

억새풀

억새가 칼바람 소리 휘젓는 뜨락이다
뭐가 사무치기에 한풀이로 일삼는가
돌무덤 뒷전에 서성이며
별이 반짝인 뜻 묻겠다

내 삶의 목마름 두고
산돌아 온 메아리처럼

믿음도
여민듯이
소스라치는 한처럼

얼마나 간곡함 묻고
가슴 펴고 외칠까

산꽃서정

깊은 골짝 외로운 바람 시름시름 앓더니만
꽃밭 둘레 돌아서 향으로 울부짖고
그 울음 하도 서러워 벌 나비가 구경 나선다

계곡물 숲에 가려 소리로만 세월 쫓고
못내 그리운 사연 면면히 살피고는
자연이 헤푸는 섭리 따라
적막타고 메아리 운다

외갓집 가는 길

팔월
한가윗날 달빛 이고 꽃신 신고
울 엄니 손잡고
꽃처럼 설레임 들고
두메골 넘어서 갔다
마중 나올 외할매 두고

막 눈여겨보니 한 겨울의 정물처럼
한시도 지울 수 없는
내 유년의 꿈 자락
연민도 사무친 날 두고
한으로 남아 울부짖고

그길 운명을 엮어 발을 짜 늘이고 있다
어느 곳 언덕엔가 도라지 성글게 웃고
밤별이 하도 서러워
내사 대신 울고 있다

바위와 물과의 관계

바윗돌 침묵으로 세월 감아 두른 자리
물은
흐느끼듯
바위 돌아 흐르는데
꽃잎이 시든 자리에 이르러
사랑을 묻고 있다

한생을 굴리면서
참음도 널고
노여움 널고

물줄기 격정의 세월
그 높낮음 엮는데

바위는 침묵의 무게로
물길 곁에 머문다

보길도 가는 길

등산길 접어들어 황토 흙 언덕에 이르러
철늦은 낙엽수 무심으로 떨어지는데
저만큼 남해의 물줄기 세월 갈 길을 연다

바람은 한참동안 떠돌다 물 위에 뜨고
밀치듯 지나는 정 물새가 낚아가는데
저 물새 가는 세월을 음미하라 하는가

채석강

염원을 두고 쌓은 학덕
산자락이
서책과 같다

삶의 나래깃이 수평선 먼 시선과 같다
지혜로 가꿈에 있어 자연의 섭리와 같다

청청한 물줄기 저 쪽 등대를 보라
삶을 가꿈에 있어 길을 인도한다

방파제 둘러앉아서
삶의 내력 물어도 된다

노고단

노고단 정상 두고
골짜기 누비며 간다

계곡물 적적타하여
물속을 들여다보니

정 많은 사람들마다
한 여름 정분
물과 나누네

굽이돌아
산길
칠월의 정취 나누자

산딸기
산머루
토실토실 여물거니
산청청 푸른 골짜기

사람 가는
길 밝힌다

어버이의 길

맑고
깨끗한 품안
어머니의 숨결을 보자

여태도
자상한 꽃
아버지의 손짓을 보자

한줄기 영롱한 빛살
주렴 엮듯 늘릴까

점점
사무친 뜻
가난에 찌든 아버질 본다

전신을 굽히고 서서
우러러

하늘에 빌고

심경도 깊이 감추고
인내로 푸는 사랑을 본다

한겨울
추운 자리
어루고 다스린 뜻

아이들 멱감는 자리
지키며
어루만지던

까마득 감친 별빛을
참하게
넘겨 본다

모진 것 다 거두면서 평화의 뜰 엮어내고
촛불도 그렇게 타듯
그만큼 사랑 얹고
호올로 가난의 끈 밀고 끌고 당기셨네

아무리 시려웁고 추운 날이어도

고샅길 지게바작 어깨에 짊어지고
마른풀 걷우며 꾸민 그 삶을 우러러 본다

불현듯
기억의 창에
고향의 뜰을 바라봅니다

산허리 굽었듯이
굽은
허리를 봅니다

종일을 신음으로 앓으신
종복의 당신 봅니다

숲과
개울과
다랑이 논두렁을 보며

참 마중할 길 있는가
내사 서성이다가

산 빛이 취해 떠도는 길
이 죄인이 봅니다

무릇
정은 가고 그리운 자리입니다
가난도 사무쳐서 울부짖는 자립니다
눈물도 아픈 광장에서
유장의 세월 봅니다

여기 이 자리 이젠 편히 쉬옵소서
흰머리 바람 젖어도 눈물을 거두소서
신이여
환멸의 세월 영혼으로 태우소서

선인장

몸 둘레 바람 데리고
가시를 휘두르면
벌도
나비도
한숨 짓고 물러서고

청청한 빛살 걸치며
기세 등등 하더라

| 작품해설 |

못다 피운 꿈길에서 깨어나 히말라아 여정에서 만난 아버지

-유나영의 시조 세계

김성호 | 시인

| 작품해설 |

못다 피운 꿈길에서 깨어나 히말라아 여정에서 만난 아버지

- 유나영의 시조 세계

김 성 호 | 시인

Ⅰ. 지난 계절, 오랜 동안 낮달로의 여행 중 피워 낸 서정시의 편린들

제1시조집에서 유나영 시인은 시조의 비방과 묘책을 얻기 위해 주로 그의 출생 때부터 고향 산천 한옥(초가)에서 서성여 맴돌면서 오랜 날, 한국의 전통적이며 향토적인 분위기 속에 적응해 살아온 날들의 이력과 매듭을 정리하며 고운 한복 차려입은 모습으로 빚어낸 작품으로 한 여인의 고매한 품성이 연면히 깃들어 있다. 이렇게 투박스런 매듭들을 지워가며 길쌈을 잘한 연후에 마치 스무 넉 세, 청청한 모시 베폭 마다 꽃무늬를 새겨 보려 애쓰고 있다.

이를테면 「낮달의 여행」이라는 작품에서

세월 간 뒤란이다가
정 담아
쓸어대면서

고샅길
외로움 두고
떠나온 길손인데

빈 하늘
쓸어대면서
몸을 감추듯 가는 건가

뉘 있어 그리움 두고 한낮을 떠돌겠나
먼 길 뒤돌아보며 물 위에도 떠돌거니
개울가 물 고동 치면
서러운 빛 띄우겠다

-「낮달의 여행」 전문

로 노래하는가 하면, 이와 거의 유사해 보이는 서정시편 중에 「살림살이」라는 작품을 읽어 보면

점 하나
찍어 놓고
몰입한 자리였다

접목된 잦은 바람
날뛰어서
아픈데

저만큼
타오르는 본능
간추려 볼 일 아닌가

섬광의 나래는 찬란한 폼이겠지
전신을 휘늘린 갈증의 덫 채이겠지
매달려 휘청인 것을
벼루다가 닦아낼까

라 하면서 비교적 자조적 자세를 견지하면서 지나간 60년, 70년대의 온갖 세파를 굳건히 돌파하며 살아온 한국 여인들의 강인했던 의지에 찬 모습을 차분히 잘 가누기도 하여, 다소곳한 마음으로 마치 자수를 놓아가며 지아비를 섬기며 안 살림을 도맡은 아내로서의 책무를 수행하려는 온유한 여인상女人象을 연속적으로 그려 내고 있다.

II. 끝없는 유랑 중에 전원의 아름다움에 감회되어 퉁겨내는 교향악

제1시조집에서는 주로 한국 전통의 순정한 삶을 사는

여인의 아리따운 매력을 스켓치하여, 자수刺繡에 시적 화자의 꿈을 펼쳐 가며 신산한 삶을 승화시켜 잠재우면서 가정을 잘 돌보는 여인의 알뜰하고 맵시 고운 모습을 표현한 것이라고 본다면, 제2시조집에서는 이를 조금씩 탈피해 가며 드넓은 세계에로의 여행을 꿈꾸면서 생의 영역을 확장 심화하려는 소망이 엿보이기도 한다.

그런가 하면 서정적 자아는 다부진 각오를 다져가며 「서시」를 쓰면서부터 유 시인은 오랜 삶의 터전이었던 고향의 전원 속에서 조국의 얼과 민족의 혼을 찾아 나가면서 조국의 산하와 역사 유적지를 따라 유랑의 푸른 꿈을 가꾸어 간다.

> 조국의 얼/숨결도/다소곳 어루고 싶다//민족의 혼/삶의 터/여기서 고르고 싶다//내 산하/푸른 천지에/또 하나 꿈을 갠다//

-「서시」 전문

그런가 하면,

> 별 하나에 꿈도 심고 사랑도 담아 놓자
> 어머니의 품안처럼 사랑도 숨결로 얹자
> 꿈꾸듯 그리운 사람
> 이름마저 부르자

물이 흘러서 가 보았더니
아마 사랑을 남아 울고
밤별 총총히 그리운 날 불러대더니
저 언덕 고향 둘레길
울 엄니 자리인 걸

-「우리들의 산하」 전문

이 작품에서 유 시인은 육친인 어머니와의 사랑을, 별을 그리듯 그리면서, 강물따라 순례하고, 고향의 둘레길을 서러울 정도로 걸어 보면서 그 자리가 바로 어머니가 살아 깃든 곳이라고 강조하고 있다. 현상으로서 어머니는 이미 돌아가셨지만, 상상 속에는 영원히 남아 출렁이는 강물로 흘러서 함께 일렁인다고 느껴가며 그리운 어머니의 이름을 불러 보고픔을 애원하고 있다.

또한 그런 모정에의 시원적 그리움을 다음 작품에서도 엿볼 수 있다.

헹구고 닦아 내어도
쓰라린 흔적 뿐

흙 한 줌을 쥐고
주문처럼
당신님을 부른다

등나무 넝쿨진 자리
왜 속 깊음을 잊었을까

-「세파의 강」 부분

이 시편을 미루어 보아, 아마도 유 시인의 어머니는 험란한 생을 어렵살이 견디면서 아픈 생을 살다가 어느 날, 황망히 이승을 떠나가셨다. 그래서 시정적 자아 역시, 그런 쓰라린 기억과 상흔의 아픔을 떠올려 보면서 자신의 범상한 일상 중에서도, 삶의 고뇌와 슬픔을 곧잘 지우고 헹구어 내려 애쓰는 가운데, 종당엔 흙 한 주먹을 쥐고서도 주문처럼 당신의 어머님을 불러 본다고 하고 있다. 서러움에 젖어, 등나무 자리 깊숙한 곳에 혹시나 당신의 어머님이 깃들어 주무시는 것이 아닌가 하고 인생살이의 무상함을 부조해 내고 있다. 그렇게 영원할 것 같았던 어머니도 영영 떠나가 버린 인생의 무상감을 절편으로 엮어내고 있다.

다음 작품에서도

염원을 두고 쌓은 화덕
산자락이
서책과 같다

삶의 나래깃이 수평선 먼 시선과 같다
지혜로 가꿈에 있어 자연의 섭리와 같다
…중략…

이렇게 경이로운 자연 앞에 서 있지만 일찍 돌아가신 선친의 지혜와 인생의 편력을 돌이켜 보면서 자연에서도 인간의 정조情調를 느끼고 있다.

이어서 '바위', '구름', '복사꽃', '이슬', '망초꽃', '이슬방울', '매화', '난초' 등에서도 동일한 정서의 유로流露를 보이면서 자연 현상이나 자연물에 시적 화자는 감정이입이 되고 있다.

'바위'를 통하여 흔들림이 없는 천근의 부동심不動心과 온갖 영욕을 접어버린 몸짓을 발견하는가 하면, '구름'에서는 무심을 떨어내며 그리움 뒤에 깃드는 서러움마저도 묻어 버리겠다고 결심을 하고, '복사꽃 피는 곳에'에서는 서정적 자아의 꿈을 묻어 두고, 별이 내리는 밤에 잃었던 전설을 쓸어 담고픔을 노래하고, '이슬'을 통해서는 꿈을 태워 버리고 떠나가는 무정함을 싸늘한 이슬방울로 은유하며, '매화'에서는 눈보라치는 날에는 뼈마디 저릿한 날을 견뎌온 아프디 아픈 사랑을 그려내고 있다. 또 '난초'에서도 청청한 옷자락을 떨치면서 아름다운 나비춤 추듯, 어머님의 인고의 시간을 뚫고 오롯이 서서 온후하게 자녀를 품은 듯한 아름다운 사랑을 노래하고 있다.

'망초꽃'을 바라보면서 이렇게도 노래한다.

곱게 젖은 사연 걸치고 묻고자 했네
그렇게 사무쳐서 빈손만 내밀었네

풀각시 그리운 시선 부르면서 서성였네

-「망초꽃 · 1」 부분

망초꽃이 잎잎이 꽃송이를 흔들면서 분분히 춤추는 모습을 풀각시가 그리운 모습으로 되새기면서 길게 늘어뜨린 잎가지와 줄기를 보며 긴 잠에 휘몰린다고 형용하기도 한다.

또 다음과 같은 작품에서는

몸 둘레 바람 데리고
가시를 휘두르면
벌도
나비도
한숨짓고 물러서고

청청한 빛살 걸치며
기새 등등 하더라

-「선인장」 전문

어떤 바람에도 꺾임이 없는 선인장의 생태 앞에서는 벌 나비도 물러나는, 선인장의 기상을 예찬하면서 그것의 위엄을 '청청한 빛살' 을 걸쳤다고 표현하는 것으로 보아, 불모의 땅에서도 그의 일생을 초주검에도 견인하며 성장하는 선인장의 생태 앞에 시적 화자는 무척이나 감격하고 있다.

이 밖에 '월령 단풍' 을 보고서는 월령봉에 올라 단풍을 바라보면서 달빛이 단풍을 이끌어 마치 바닷물에 펼친 것인양 느낀다고 격찬하고 있다.

또 「오동도에서」는 지는 저녁놀 빛을 바라본 감상을 울부짖는 물빛으로 형용해 내면서 자신이 몸 둔 자리가 서러울 정도여서 저 멀리에서 쏟아져 내리는 태양을 긴 빛살의 행렬이 동백꽃이 잎잎이 떨어지는 모양으로 감정이입 시켜 노래하고 있다.

이어 「평사낙안」에 이르러서는

은모래 유현에 차서
바람은 거기 논다

팽나무
한 그루씩
열져 훈련하는데

그 경관 시선의 높이
기러기 날듯한다

- 「평사낙안」 전문

로 그리면서 수 많은 팽나무가 열병을 이루며 훈련하는데 저 멀리 은모래들이 흩날리면서 휘도는 모습을 기러기가 날며 노니는 듯 하다고 영탄하고 있다.

Ⅲ. 젊은 날의 고뇌와 새 아침의 노래

유나영 시인은 아무래도 감정이 너무나 여리고 섬세하여 이웃에게는 매섭고 날카로운 언행을 함부로 하지 않을 사람으로 짐작된다. 왜냐하면 그에게 다가서는 온갖 사물과 현상을 그리움이나 사무침으로 포옹하려는 온화한 품격이 무엇보다 넘치기 때문이다. 그런 그의 정서의 넘쳐나는 유로流露를 다음 시에서 만나 보면,

그리움이 한결같이 바둥 바둥쳐 오더니만
봄물이 봉실봉실 꽃봉오리 틔우더니만

싸리 꽃향기 에워싸
사랑의 품이 다사롭다

뉘 이름 불러놓고 꽃잔등마저 어루고 싶다
잡힐 듯 달아나면 목 길게 빼고 싶다
감겨도 사무친 노래
빈 광장을 메우겠다.

-「그리운 것」 전문

여기에서도 이 작품을 통하여 유 시인은 봄날의 초목

화훼들이 초록의 기운을 내뿜어 온 누리가 화려華麗 방창方暢함을 보고 자신마저도 마치 자연 품안에 안겨 들면서 그리운 이들의 잔등을 어루만지고 감격스런 몸짓을 해 보고픈 사무침을 노래하고 싶어 아이처럼 순정한 모습으로 소묘하고 있다.

「정의 사슬」이라는 작품에서도

목숨을 던지고 싶어
꽃밭에 와 있습니다

다만 사무친 정
영혼으로 태웠습니다

우루루 미리는 광채
그 하나를 이룹니다

-「정의 사슬」 전문

동일한 정서를 엿볼 수 있다. 그의 마음은 항상, 사랑과 정, 사무침과 그리움으로 가득하여 정작 냉정을 이루기는 힘든 모습으로 점철되기도 한다.

흘러라
강물로도 꿈 달아매고 흘러라

가득 담아 어루듯이
또

밤새워 달래도 보라

낙엽이 굴러 가다
어디엔가
숨듯이

잡힐듯하다 멀리 밀려도
연모의 창은 비쳐 떨겠지

물가의 은비늘처럼
영혼으로 남아 쉬겠지

사랑은 운명의 길 두고
자박대며 울겠지

-「사랑으로 운명으로 얽히는 것」 전문

사랑의 운명적 구속(얽힘)을 그려내고 있는데, 서정적 자아와 연모의 정도 강물 같아서 강물로 자박자박 흐르다 흘러가 버리면 그 뿐인 것을, 사랑은 낙엽 같아서 구르다 뒹굴고 어디론가 떠나가 버리듯, 잡힐 듯 잡히지 않고 여울져 가다 되돌아 오는 것 역시, 사랑이 아닌가? 그렇듯 우리들 사랑의 헤매임 역시, 하나의 운명의 길을 오가면서 울어 보는 날도 있으리라는 회한 많은 날의 애잔함을 잘 포착하여 표현하고 있다.

그런가 하면 다음 작품에서는 비현실적이며 불가능한 사랑을 꿈꾸기도 한다.

그리운 사람
그리다
빙하 된 세월이 오면

산까치
와서
울고
나도 따라 가슴 조이고

햇살이 물가 빙벽에 앉자
옛 노래도
어루겠다

-「환상 연습 · 3」 전문

시적 화자가 현실에서는 만나 볼 수 없거나 이루어 지지 않는 그리운 사람(사랑)을, 현실에 못박혀 살기 때문에 바다나 강이 놓여 있어 어쩔 수 없지만, 저 북극의 설산 빙벽이 녹아내리는 날쯤, 빙하의 시간이 도래해 올 것이다. 해빙으로 막혔던 얼음 바다, 얼음 강, 얼음 산까지 닿을 수 있는 날 지저귀는 까치울음 따라 얼음 바다를 걸어 걸어, 햇살 내리는 맑은 강가에 앉아 있으면, 오래 전 헤어졌던 그리운 이들을 만나리라는 간망懇望을 이렇게 곡진曲盡하게 노래하고 있다. 그럴 때 들리는 까치 울음소리는 반가운 사랑의 노래일 것이고 그래서 환상 속에서의 사무침에 빠진 서정적 자아는 자못 아름답기도 하다.

Ⅳ. 과거에 잃었던 것과 잊혀진 것을 다시 찾아나서는 길목에서 꽃피우는 시심詩心

모든 것들이 급변하고 있는 현대에 살고 있는 한국인들이, 한결같이 지녀야 할것이 있다면 우리의 전통과 문화일 것이다. 아무리 살기 좋은 문명의 혜택을 한껏 누리며 산다고 해도 우리 나라의 역사와 문화적 유산을 부정해서는 안 된다. 그렇듯 내 나라가 일시적으로 국권을 상실했을지라도 국권 회복을 위해 애국과 호국의 길에서 목숨을 버린 선렬들의 멸사 보국의 정신은 영원히 호국 혼으로 숭상해야 할 것이다.

유 시인도 같은 마음으로 「촉석루」라는 작품에서 그가 촉석루를 다녀와 느낀 감회를 아래와 같이 표현하고 있다.

사는 게 무엇인지 알고파 여기왔다
강물이 꽃물 베인 곳 어딘지 보러왔다
이 난간 여기쯤인가

장열하게 피고 간 넋

-「촉석루」 전문

진주 '남강' 에서 논개가 적장賊將을 안고 장렬하게 전사한 호국정신을 다시 한번 감동하며 쓴 격정적인 작품이다. 그러니까 한국인으로서 어떻게 살아야 옳은 것인지를 저 남강 촉석루에 의탁하며 자신의 삶의 지표를 삼아야겠다는 시적 화자의 선한 의지를 짐작해 볼 수 있다.

산을 지나다 만난
잡풀인가
씀바귀인가

그것이 손짓하는 아스라한 날 바라보면
그렇지 개울물 흐르는 자리
새의 울음을 알겠다

서 있던가
앉았던가
허공을 맴돌던가

다만 한 가지 이유로 묻는 우리 사랑
그렇다 가난도 정일진데
어머님의 부름같은데

-「기억의 탑」 전문

이 작품에서 묘명을 「기억의 탑」이라고 서술함은 전쟁으로 인하여 전사한 호국 선열들의 무덤뿐만 아니라 먼저 죽어 땅에 묻힌 사람들의 무덤의 비석을 바라보면서 아스라이 사라져 간 사람들에 대한 그리움과 사무침을 애조로 노래하고 있다. 그들은 떠나갔지만 작년에 자라던 푸성귀 올해에도 무성하고, 지난 날 흐르던 개울물 소리가 올해도 흘러서 작년에 울던 새소리가 올해에도 들려 변함없는데, 사람은 한 번 죽고나면 그뿐이어서 시적 자아는 묘지 앞에서 허공을 맴도는 개울물 소리와 새소리를 들으면서 슬픔에 빠지지만 뭇 사람들의 삶도 이내 정겨워지듯, 어머니의 무한한 사랑이 영원 무궁함을 호곡하는 듯 격정적 어조로 탄주하고 있다.

또 다음 작품에서는 남루와 가난도 두고 온 그리움이라고 애둘러 말하고 있다.

아주 먼 날 잊고 산 날이
갈바람 타고 왔다
아픔도 되짚으면 사랑으로 충만했다
가난이 사무친 정 두고
오래도록 울었다

남루한 것
때에 찌들어
어루는 그리움이었다

한 올씩 고르는 빛살
바람에도 어울리는데

담담한 소식 한 점이
모여들어 아픈 것을

-「두고 온 삶」 전문

가난을 사무치는 정이라고 하는 한편, 남루를 그리움이라 이르면서 그 가난과 남루를 한 올씩 빛살에 고르면 바람에도 어울리는 담담한 아픔이 된다고 말하기도 한다. 이렇게 유 시인은 현실에서는 가난과 남루가 쓰라리지만 지난 날을 돌이켜 보면서 그곳에서 사랑을 발견하여 궁핍과 남루했던 생애마저도 그리운 축복이었음을 추억 속 그림으로 엮어 내고 있다.

또 유 시인은 「밤피리」 소리를 들으면서 어린 날을 회상하기도 한다.

… 생략…
미워도 그리운 걸 따뜻한 정 묻어 놓고
한적한 세월 감아
많은 날
두고
떨리는 걸
어린애 보채임처럼
밤 피리

참히 울겠네

-「밤 피리」 부분

한갓 피리 소리에도 애태운다면서, 어린 애가 보채듯 어머니를 찾는 아이의 울음 소리를 느끼면서 고요한 밤의 적막을 깨워 흔들며 시적 화자는 어린 아이의 울음 속에 잦아든다.

할머니 베갯머리 끝자락에 고인 이야기
바늘과 골무와 동정 깃 아스라함과
동짓달 긴긴날의 삶
얹혀 푸는 그 자태

할머니 삶 엄마가 가꾸던 자리렸다
밤이면 방망이로 옷깃을 추스렸고
지나간 세월이 돌고 돌아
밤을 지펴 놓겠다

-「바느질」 전문

유 시인의 의식 속에서는 항상 어린 날의 고향산천이나 외가와 친가들의 일상적 삶 속에서 살림살이라던가 사랑이나 그리움 아픔과 슬픔이 때때로 그의 생각에 피어 올라 시상을 자극해 놓으면서 엇비슷한 소품들을 수많이 창출해 내지만 그 정조情調가 대부분 전통적인 정조情調를 내보인다.

이 작품에서도 유년의 바느질하던 시기를 추억하면서 할머니 시절의 베겟머리에 접혀 십장생을 수놓아 가던 고운 정서가 면면이 이어 가는 여인의 아름다운 마음을 여기에서 느껴 본다. 아마도 그 이전의 할머니들이 시집가던 시절의 바늘과 옷 동정 아스라함 인두길 쓸어내리던 고운 날의 회억에 자주 빠졌으리라. 또 긴긴 밤을 방망이질하며 옷가지를 다듬던 날의 어머니를 비롯한 뭇 여인들의 애환을 시적화자는 번다히 상기想起했으리라.

Ⅴ. 역사의 현장에서 민족혼을 더듬어 새로운 날을 예비하는 마음의 시편

그가 일찍이 이 시조집의 첫머리 「서시」에서 다짐한 대로 유 시인은 삶의 터전인 자신의 고향에서 조국의 얼과 민족의 혼을 찾아 나서며 조국의 산하에서 푸르른 꿈을 가꾸어 보려 수만 번 다짐을 한다.

> 청사 나부끼는 뜰 맞은 빈 터에
> 망초꽃 시름겹게 매달려 바람 젓고
> 청기와 서린 빛살이
> 저문 날을 가른다

낙화암 물소리 따라 시름 없어 노 저으면
세월은 꽃 지듯 시름시름 앓는 정이
저 만큼 수평너머로
노을처럼 가겠네

-「낙화암에서」 전문

옛 역사의 유적지, 부여 땅 백마강 낙화암에 가서 백제의 멸망을 가슴에 되새겨 보고 회한에 잠긴다. 부여성 와당에 서려 도는 푸른 정기가 서정적 자아의 마음을 뒤흔들었으리라. 그럴 즈음 날은 저만치 저물어 가고 멀리 낙화 바위 틈새로 물 흐르는 소리를 들으면서 강물처럼 마음도 흘러 역사의 수레바퀴 따라 시의 서정적 자아 역시, 어디론가 흘러가야하는 덧없는 인생살이를 잘 표현하고 있다.

부안의 바닷가 채석강에 와서야

염원을 두고 쌓은 학덕
산자락이
서책과 같다

삶의 나래깃이 수평선 먼 시선과 같다
지혜로 가꿈에 있어 길을 인도한다

방파제 둘러앉아서
삶의 내력 물어도 된다.

-「채석강」 전문

지금껏 자연과 사물을 직정적으로 노래하기 위해서 의인화하거나 감정이입하면서 비교적 단순하게 표층 구조로만 평이한 태도로 시적 모색을 해 오다가 비로소 처음으로 새로운 시작 형태의 변형적 탐로를 개척해 보고 있다.

이 실험의식은 이전의 작품집에서는 볼 수 없었던 음수율이 나타나고 있다. 가령, 평시조의 기본 음수율과 음보를 따라서 3, 4, 3. 4// 3, 4, 3. 4 // 3, 5, 4. 3 //를 그대로 준수하였다면, 이 작품이 제대로 성공을 거두지 못했을 것이다. 용감하게 변조와 변형를 모색하였기 때문에 거의 자유시와 유사한 작품을 수확한 것으로 보여진다. 그러나 아쉬움이 있다면 여기에서 변형은 음수율의 변형에 머물면서 추상적인 어휘가 너무 빈출되고 있다는 점이다.

그런가하면 이 작품은 채석강의 석층들이 겹겹이 깎여서 이루어진 채반 같은 수석층이 마치 수만 권의 책갈피로 쌓여 있어서, 그 겹겹마다 억겁의 경전을 엮어 놓은 모양으로 그 단단한 돌이, 금강의 말씀이 되어 뭇 중생들에게 가르침을 베푸는 신의 묵시록처럼 읽힌다는 감동의 순간을 강조하고 있다. 중생들에게 지혜로운 삶을 살기 위해서 어떻게 살아야 하는지를 채석강이 가르치는 듯하다는 감동을 잘 표현하고 있다. 그 채석강은 서정적 자아가 추구하는 생의 길잡이가 되어 광명의 미래로 이끄는 위엄의 과정을 잘 그려 내고 있다.

혼자 역사의 현장에서 헤매 돌다 미망에 빠지는 것이 아니라 지혜로운 삶의 길을 알아 차리기 위해 저토록 청청한 물줄기로 여울져 오고 여울져 가는 수많은 시간의 항해 가운데 한번도 꺼지지 않는 등대불로 우리를 인도한다는 깨달음을 노래하면서, 그런 금강경 같은 말씀을 저 방파제 곁에 모여 앉아, 생의 바다를 올바르게 건너는 방법이 무엇이지 도란도란 자문자답하면서 채석강을 바라보라고 강변하고 있다.

다음의 작품을 통하여서는

꿈을 지녀온 날 두고 그런 풀각시야
보리 싹 성근 자리 휘감아 올릴건가
우르르 몰릴 것 같은
별 나비 날으는 자리

산 돌아 이랑에 찬 아지랑이 숨결마다
질긴 인연의 맥
숨
길게 지피거니
풀각시
풀각시야
휘감고 앉아 놀던 자리

-「풀각시야」 전문

지나간 날을 도리질하는 과거 지향적인 인생이 아니고 먼 미래만 좇는 것이 아닌 현실에 몸담고 있는 삶 속에서 자연과 동행하고 풀잎 같은 생을 살고 있는 자신의 이리저리 휘몰리며 살던 나약한 생을 반성하는 풀각시로 의인화하고 있다. 때로는 꿈길을 다 접어 버리기도 하여 썩은 싹의 뿌리가 되고 아픈 기억으로 인해 온몸이 쓰라림으로 절어 죽어 가기도 한다.

상하거나 썩은 내음에 벌 나비가 날아와 나의 상처를 핥기도 하는 순간 순간을 어쩌지도 못한 날이 많았으리라.

그러나 산줄기나 산언덕과 밭이랑에 발 딛고 살아가자면 온갖 인연의 바람과 손길이 불어 닥쳐서 때로는 암컷과 수컷으로, 때로는 여자와 남자로, 때로는 각시와 총각으로 손잡아 이끌거나, 아내와 남편으로 만나기도 하였으리라.

풀잎의 생을 바라보면서 그것을 의인화하여 자신의 생을 풀각시로 연역해 보는 저 몹쓸 보챔의 숨결과 기운을 운명처럼 받아들이며 순후하게 살고픔을 서러울 정도로 체득했음을 고백하고 있다.

VI. 히말라야 절정을 오르며 엄친嚴親을 만나 성탑을 축조하려는 기상의 노래

유 시인은 현실에서 비교적 순탄한 삶을 살아 왔지만 강한 의지의 칼날을 세워 지난한 생을 투쟁하면서 위험을 무릅쓰고 사는 편보다 전통적인 한국의 여인상인 순종적이며 온정적인 삶을 살아온 듯한 시인이다. 그의 두 권의 시조집에서 자주 발견되는 일상적 생의 방식에서 유추해 보면 그의 삶의 체취가 그렇게 짐작된다.

다음 작품을 눈 여겨 보면

한낮을 가린 탑신둘레
산 높이
하늘을 본다

신선이 가꾼 숨결
절절이
여민 자리

산기슭 원시의 늪을
흔적 널고
가는가

-「히말라야 산정을 두고」 전문

지금껏 한국 땅에서 잘 살아오다 국외 여행지인 히말

라야 산정을 저만치 올려다 보고 비교적 차분한 감정으로 히말라야 산정에 관한 소감을 적고 있다. 지극히 높은 히말리아 산정을 쳐다보는 그 모습은, 한낮인데도 태양을 모두 가려버린 듯, 그토록 커다란 둘레로 인식하면서 산악의 위용과 위세 앞에 경악을 금하지 못하고 있다.

그런 산세를 보며 마치 신선이 가꾼 숨결이라 느끼면서 산구비마다 신선이 살아, 그 숨결이 스며들고 있다고 여기고 있다. 그래서 그 험준한 산기슭에는 원시인이 살았던 태고의 흔적같은 체취가 넘쳐 서정적 자아는 이를 성결하게 감읍하고 있다. 히말라야 산에 사는 사람들의 마음속에는 지금도 신선이 살아, 태고적 원시의 숨결을 숨쉬면서 어쩌면 가장 진정한 삶을 살고 있을 것이라고 여기는 유 시인은 동양화 한폭에 「히말라야 산정」을 그려 내고 있다.

이 산을 본 감상 뒤에 지난 날 추억 속 고향집 생가의 초가와 기와집 마루에 발 딛고 살면서 젊은 날 먼 산을 바라보던 아버지를 상기해 보고 수묵화 한 편을 그려 놓는다.

> 툇마루 딛고 서서
> 아버진
> 하늘 끝 헤고

정상이 저기인 듯
꿈을 담은
한숨도 걸러

피우고
가꾼 세월이
마루 끝에 어린다

-「아버지의 하루」 전문

히말라야 정상을 쳐다본 후, 그의 장대 장중함 앞에, 그 산마루를 지난 날 시적 화자가 살던 고향집 아버지가 계신 기와집 대청마루를 연상하면서 저 곳에서 길 안내하는 늙은 셀파를 마치 자신의 아바지 같다는 생각에 빠진다. 지금 막 눈앞에 아버지가 나타나 저편 먼 산길을 가리키며 그 곳으로 가라고 생활의 지침을 알리는 의미로 쓰여진 작품으로 보여진다.

2013년대를 살아가는 오늘날 우리들은 경제 사정만 허락되면 아버지가 없어도 별 큰 문제없이 가정사를 대부분 해결할 수 있다. 그렇지만 1950, 60년대를 살았던 시적 화자와 함께한 세대들은 온갖 난관과 고초를 이기면서 전란 중 쓰라린 상처를 감내하기엔 아버지(할아버지)와 같은 기둥(동량)이 필요했고, 또 마땅히 아버지가 세파를 짐지고 가면서 가솔을 이끌어야 했다.

유나영 시인도 이 시조집 후반부에 이르러 별세에 계

신 아버지를 다시 불러내어 아버지가 사라지고 어머니만 존재한 세상에서 어떻게 살아야 하는 지를 자문자답하고 있다.

그의 유장한 시조 편 「어버지의 길」 첫 부분에서 이렇게 하소연 한다.

맑고
깨끗한 품안
어머니의 품안 같은

여태도
자상한 꽃
아버지 손짓 같은

한줄기 영롱한 빛살
주렴 엮듯 늘릴까

점점
사무친 뜻
가난에 찌든 아버질 본다

전신을 굽히고 서서
우러러
하늘에 빌고

심경도 깊이 감추고
인내로 푸는 사랑을 본다

유 시인은 히말라야 산을 보고 감격함에 이어 웅장한 자연 앞에 거룩한 신과 같은 육친의 아버지를 떠올리는가 하면, 산 속 깊은 흙 속에 맑고 깨끗한 어머니의 따사한 사랑을 느끼고, 저 지상 위의 꽃가지와 자연물의 흔들림을 향하여 아버지는 손짓하며 무엇인가를 가리키면서 지상의 온갖 난간과 어려움도 무량한 온기로 데워 주는 햇살처럼 서로들 오래 인내하고, 사랑하며 살라고 고백하고 있다.

생전의 아버지는 어제나 겸손하게 허리를 굽히고, 또는 하늘을 우러러 볼줄도 알았으며 가난에도 감사하며 인내로 온갖 난관을 넘겼다고 말하고 있다.

중간 부분에 와서

한겨울
추운 자리
어루고 다스린 뜻

아이들 멱감는 자리
지키며
어루만지던

까마득 감친 별빛을
참하게 넘겨본다

모진 것 다 거두면서 평화의 뜰 엮어내고

촛불도 그렇게 타듯
그만큼 사랑 없고
호올로 가난의 끈 밀고 끌고 당기셨네

불현듯
기억의 창에
고향의 뜰을 바라봅니다

자식들의 추위며 더위를 덜어 주려 밤낮 염려의 발길과 손길 곁에 머물면서 시간의 지팡이나 등대불이 되어 준 어버이를 그리워하는 사모의 정을 거듭 피력하고 있다. 시적 화자는 자신을 태워 불 밝히는 촛불이나 숯불이 되어, 그 혹독한 가난의 세월 되짚어가면서 그리운 고향 정든 집, 유년의 밤 하늘을 지족적으로 회억하고 있다.

끝 부분에 이르러

산허리 굽었듯이
굽은
허리를 봅니다

종일을 신음으로 앓으신
종복의 당신 봅니다

숲과
개울과

다랑이 논두렁을 보며

참 마중할 길 있는가
내사 서성이다가

산 빛이 취해 떠도는 길
이 죄인이 봅니다

무릇
정은 가고 그리운 자리입니다
가난도 사무쳐서 울부짖는 자립니다
눈물도 실로 아픈 자리에서
굽은 허릴 봅니다

여기 이 자리 이젠 편히 쉬옵소서
흰머리 바람 젖어도 눈물을 거두소서
신이여
환멸의 세월 영혼으로 태우소서

-「아버지의 길」 전문

아마도 유 시인의 부친이 별 세상에 드신 일이 최근의 일로 짐작되는데, 때때로 생전의 청청하신 모습이 되살아나 온갖 사물이나 현상을 통해서도 별세에 드신 아버지가 생각이 나 도처에서 그 고매하고 자상한 아버지의 품성을 찾는 듯하다.

숲과 개울, 논두렁을 걸으면서 여태껏 못난 자식으로

서 부모에게 효도를 못다 한 죄의식에 사로잡혀 하염없이 눈물을 흘리며 아버지의 무량한 사랑을 잊지 못하고 있다. 이처럼 어떤 부분에서는 상당히 격정적이기도 하고, 애읍哀泣하고 있지만 이제는 담담하게 그가 가야 할 곳, 이전에 기꺼이 혼인길 따라 눈물을 감추고 시가 댁을 향해 접어들었듯, 새로운 시의 길로 풀각시가 되어 담대히 나아가야 하리라.

유 시인이 이 시집 끝자락에 이르러서야 새로운 시적 모색의 길이 얼마나 험란한 시지프스의 발걸음인지를 깨우친 것으로 짐작이 간다. 그런 시인의 심정을 다음 작품을 보면서 토로해 보기로 하자.

그렇게 고운 아침 햇살 걸어 올리게 하자
꽃도 새록새록 돋은 자릴 보게 하자
얼마나 빛나는 세월
불러놓고 열릴까

-「창조의 문」 전문

유나영 시인은 이렇게 제2시조집을 축조하면서 애초에 「서시」에서 언급하였듯 조국의 땅, 고향 산천의 초목화훼(자연)와 함께 호흡하면서 겨레의 얼과 민족 혼을 찾을 결심을 해 보았지만, 몇몇 유적지를 더듬어 가면서 회한의 정한에 빠질 뿐, 무엇 하나 투명하게 불 밝히지 못하고 있음을 엿볼 수가 있다.

그가 쫓기듯 먼 이국의 히말라야 산정 앞에 닿고서야 그 위엄과 웅훈함에 휘눌려, 두고 온 고국을 떠올리고, 오래 잊었던 생전 부친의 모습을 상기해 내기도 한다. 또한 온갖 풍우성상을 겪으면서 민족사의 험난한 세파를 이겨냈던 그런 우리의 아버지를 만나게 되면서부터 그의 시적 탐색의 길이 넓어지며 다양해 질 조짐을 보인다.

위의 작품에서 출현하는 '햇살'이 바로 우주 현상을 내밀하게 여미면서 세월을 밝히는 섭리, 진리의 힘, 우주의 힘이라고 새삼 깨닫는다. 깊숙한 산자락 어딘가에 새록새록 돋아나 꽃피우는 생명의 힘은 찬란한 숨결과 입김으로 화사하게 만물을 생동케하는 무한한 신성神聖의 은총이 내리는 것이 아니겠는가 하며 머리 숙여 감동하고 있다.

유 시인의 지난한 작업이 아직 새악시의 부끄러운 첫걸음으로 보이지만 이제 그의 이 시조집 표제 작품이기도 한 「풀각시야」에서처럼,

> 꿈을 지녀온 날 두고 그린 풀각시야/보리싹 성근 자리 휘감아 올릴 건가/우르르 몰릴 것 같은/벌 나비 나르는 자리//

친정집 부모 곁에 너무 오래 머물며 지난 날의 가족과

고향 산천만 회상할 것이 아니라, 현대를 살며 현대인의 감각을 살려가며, 새로운 시의 활로를 모색하기 위해 과거 보다는 현실을, 현실보다는 내일을 내다보며 시의 새 패러다임(재해석)을 시도하면서 전위적 실험을 감행하는 일이 무엇보다 우선한다고 생각된다. 현대시조는 현대적인 시대 현실과 미래상을 축조해 내는 일이야 말로 시인의 사명이며 책무라고 여겨진다.

Ⅶ. 요약 및 제언

유나영 시인은 자신의 제2시조집에서는 그가 제1시조집에서처럼, 시종일관 노래하고있는 고향의 산천초목을 서정적인 목소리로 절창하려 무던한 마음을 갖고있다. 그런 가운데 무엇인가를 찾으려는 탐색의 눈으로 침착하게 세상사를 읽어내려 애쓰는 고심이 엿보이기도 한다.

그래서 유적지를 찾아 나서가 하면, 옛날 역사의 현장에 나가 자못 장렬한 사념에 빠져들 때가 자주 있지만 투지 강하게 나름대로 금은의 보옥을 채굴해내지 못해 아쉬워 하고 있는 것 같다. 그가 현대시조를 짓고 있는 시인이라면, 현대적인 감각과 기예를 익힌 대장장이로서 시대를 선도해 문학의 전위적 자세를 견지해 실험과

모험을 감행하면서 뒷걸음질은 하지 말아야 한다.

이 시조집의 끝자락에 이르러서는 먼 히말라야 고산 준봉을 떠올리며 아버지를 다시 추억하고, 그래서 대자연의 신성함과 거룩함 속에서 무한한 부성父性적 사랑과 영성을 깨닫는 시인의 성찰적 자세를 엿보이기도 한다.

시인은 지금 시작업의 지난한 발걸음을 나서지만 한편으로 풀각시가 되어 머나먼 우주 속으로의 여행을 다짐하고 있기도 하다. 평자는 다음 시집에서 또 다른 새로운 여정끝에 축조되어질, 커다란 시의 궁전 하나를 기대해 보면서 글을 마친다.